Sybille & Oliver Franke

UNTERWEGS

Mit Camper, Kamera und Surfbrett
über die Lofoten und den nördlichen
Polarkreis an der Küste Norwegens

Wachholtz

↓ Abfahrt vom Hardangerviddas-Plateau auf die Europastraße 16 in Richtung Oslo.

↑ Absolute Windstille im Fjord auf den Lofoten zwischen Svolvær und Kabelvåg.

↑ Schlittenhunde laufen in
die Abendsonne im Villmarkssenter.

↓ Wanderung durch eine der schönsten Schluchten Norwegens in Richtung Vøringsfossen Wasserfall.

Inhalt

Norwegen - wir kommen!

Wie so oft im Leben kommt es anders, als man denkt... Unseren eigentlich geplanten Surftrip nach Marokko haben meine Frau Bille und ich im wahrsten Sinne des Wortes auf Eis gelegt. Statt nordafrikanische Sonne zu tanken, begleiten wir nun das Unternehmen Hobby und seine Wohnmobile fotografisch an die nördlichste Spitze Europas.

↑ Endlich ›On Tour‹ mit unserem Hobby Vantana in Richtung Lofoten.

Aber zurück zum Anfang der Geschichte, die mit dem Entschluss Hobbys begann, seine neuesten Wohnmobile in der Winterlandschaft Nordnorwegens zu testen. Ein Film- und Fototeam sollte das Wintercamping-Abenteuer nach Tromsø, der Hauptstadt der Polarlichter, begleiten. Und der Fotograf sollte ich sein!

Mein ganzes Leben bin ich im Camper durch die Welt gereist und habe die schönsten Ecken zum Wellenreiten für mich entdeckt. Aber im Winter durch Norwegen? Das ist selbst für mich Globetrotter etwas Neues, was ich bisher nicht erlebt habe. Meine Frau Bille und ich entscheiden uns spontan, das Abenteuer anzunehmen und den Job mit einem Roadtrip zu zweit ausklingen zu lassen.

Unsere ursprüngliche Idee, mit einem Wohnmobil von Hobby im tiefsten Winter nach Tromsø zu reisen und rechtzeitig zum Polarlicht-Event, zu dem Journalisten aus ganz Europa eingeladen waren, in Nordnorwegen anzukommen, haben wir verworfen. Zu ungewiss der Weg, zu unbeständig die Witterung. Stattdessen fliegen wir nach Norwegen, während die Wohnmobile samt unseres gesamten Equipments den Seeweg gen Norden antreten. Das neue Motto lautet: Erst die Arbeit und dann... Von Tromsø werden wir die nordnorwegische Küste entlang zu den Lofoten fahren. Mindestens eine Polarwelle will gesurft werden, bevor wir über den nördlichen Polarkreis reisen, die Städte Trondheim, Bergen und Oslo besuchen, bis uns unsere Heimatstadt Kiel wieder zurück hat.

Unsere Ausrüstung, zu Land, zu Wasser und aus der Luft.

Ein großer Teil unserer Ausrüstung: Leash, Anzug, Schuhe 7mm, Handschuhe, Laptop, Drohne, Akkus, Stativ, Festplatte, Ablaufplan, Surfboard, Finnen, GoPro mit unterschiedlichen Befestigungen, Sex Wax, WalkyTalky, Fernauslöser, D5, Reflektor, Folie, Waabe, Licht, Lampenstative, Blitzaggregat, Aufsteckblitz.

NORWEGEN

Norwegen ist eine parlamentarische Monarchie. 1814 wurde im »Kieler Frieden« Norwegen zum ersten Mal ein unabhängiger Staat, wenn auch nur für kurze Zeit, ehe es zu Schweden geschlagen wurde. Seit 1905 ist es völlig unabhängig.
Die Norweger wurden lange von dänischen und schwedischen Königen beherrscht. Erster originaler norwegischer König wurde 1905 Prinz Carl aus dem Hause Glücksburg als Haakon VII. (1905-1957). Auf ihn folgte sein Sohn Olav V. (1957-1991), seit 1991 regiert dessen Sohn Harald V. Somit hatte Norwegen in den letzten 100 Jahren nur drei Könige.

→ Typisches Holzhaus am Straßenrand in der Nähe von Ramberg.

Der Plan oder Das große Warten

Von Hamburg geht es zunächst nach Amsterdam, dann weiter über Bergen nach Tromsø. Das Warten auf Flughäfen ist nicht unbedingt ein Traum, gehört zum Fliegen aber mittlerweile dazu. Als Fotograf vertreibt man sich die Zeit damit, das geschäftige Durcheinander zu beobachten und interessante Momentaufnahmen einzufangen.

ZP

Was wir haben, ist Lust, Motivation, Neugierde und Respekt vor der Reise.

Den vierstündigen Aufenthalt am Flughafen in Bergen überbrücken wir mit ersten Brieffinggesprächen. Ein grober Ablaufplan wird geschmiedet, bevor uns die Hiobsbotschaft erreicht: Die Fahrzeuge werden vom Zoll festgehalten und müssen bis zum nächsten Tag im Hafen von Tromsø bleiben. So viel zu unseren Plänen, die jetzt gründlich durcheinanderwirbeln. Der neue Plan B lautet: Ruhe bewahren und mit gespannter Erwartung unserem Job entgegensehen. Gegen 19.45 Uhr sollen wir in Tromsø landen. Wie es meinem Equipment geht, das seit über einer Woche bei extremen Minusgraden im Auto liegt, möchte ich mir lieber nicht vorstellen...

→ Vier Stunden Wartezeit wegen technischer Probleme des Flugzeuges in Bergen.

RGEN?

Erste Erkundungen in Tromsø und Umgebung

Ein Tag ist vergangen und wir warten immer noch sehnlichst auf die Fahrzeug-Freigabe durch den Zoll. Die Stimmung hält sich trotz der widrigen Umstände erstaunlich gut. Wir mieten uns einen Leihwagen, unternehmen Ausflüge in die nähere Umgebung, machen Spaziergänge in und um Tromsø, halten nach Motiven Ausschau, inszenieren statt der Wohnmobile uns selbst und beginnen unser Abenteuer in Norwegen mit ausgelassenen Stunden.

↓ von links: Dave (Kameramann), Dominic (Ton), Matze (Hobby), Ollo (Fotografie), Bille (Fahrerin und Unterstützerin), Cilia (Hobby), Lars (Aufnahmeleitung, Regie)

↑ Die Wohnmobile sind noch immer nicht in Sicht,
aber dafür ist die Aussicht von hier oben bestens.

PERU
X3J-083

Auf einem unserer abendlichen Ausflüge in die Berge verändert sich plötzlich der Himmel. Aus einem leichten Glimmen formieren sich immer heller werdende, wabernde Kreise. Grüne Lichterschwaden fliegen wie Raumschiffe an den Scheiben unseres Fahrzeuges vorbei. Ein atemberaubendes Naturschauspiel, das seinesgleichen sucht! In klirrender Kälte fotografiere ich meine ersten Polarlichter – ein unvergleichliches Highlight meiner immerhin schon 30-jährigen fotografischen Lebenszeit.

Polarlicht mit Aussicht von einem
Bergplateau westlich von Tromsø

Tromsø in der Abenddämmerung – ein Lichtermeer zu unseren Füßen.

Die Panoramafenster unseres Hotelzimmers eröffnen uns eine traumhafte Aussicht auf den Fjord und die Stadt. Auf der einen Seite des Ufers ragt die Eismeerkathedrale, das Wahrzeichen Tromsøs, aus dem stimmungsvoll leuchtenden Häusermeer empor. Auf der anderen Fjordseite liegen abwechselnd Schiffe der Hurtigruten und andere Kreuzfahrer am Kai und erinnern an die Nähe zum Ozean. Selbst in dieser Jahreszeit ist die Stadt voller Touristen, die jeden Tag aus den Kreuzfahrtschiffen in die Straßen der Stadt gespuckt werden.

AIDA
www.aida.de

Blick in den Tromsøysundet
mit der Skyline von Tromsø.

Die Winterlandschaft Norwegens in der Abenddämmerung könnte fotogener kaum sein. Ich starte die Drohne, deren Akkus trotz der Kälte für einige Minuten Flugzeit halten. Wir fliegen nach Westen auf das offene Nordmeer hinaus und sind wie verzaubert von dem letzten Licht der untergehenden Sonne.

Kurze Rast am eisigen Fjord bei Brensholmen auf unserem Weg in das kleine Fischerdorf Sommarøy, das auf der gleichnamigen Insel vor Tromsø liegt und über eine Brücke mit dem Festland verbunden ist. In dieser Jahreszeit geht die Sonne ohne Eile gegen 10.00 Uhr auf, um sich um 14.00 Uhr langsam wieder zur Ruhe zu betten.

OPEN
Åpningstider
Man-Lør 12:00-18:00
Søndag 12:00-18:00
Havfrue Kro

→ Im hohen Norden Norwegens werden die Abstände zwischen den einzelnen Tankstellen größer. Wir testen daher nicht, wie weit wir mit einer Tankfüllung kommen würden, sondern tanken, wann wir können und nicht erst, wenn wir müssen.

CIRCLE K
miles
miles

↑ Fischerhütte am Nordfjorden
gegenüber von Sjøtun.

Idyllische Insel – lebendiger Fischerort

Schneebedeckte Berge und glasklares Wasser, weiße Strände und bunte Holzhäuser: Das idyllische Eiland Sommarøy mit seinem sonnigen Namen »Sommerinsel« zählt mit seiner außergewöhnlich schönen Landschaft zu den beliebtesten Ausflugszielen Nordnorwegens. Die rund 300 Einwohner des gleichnamigen Ortes leben hauptsächlich vom Fischfang, der in hochmodernen Anlagen verarbeitet und in die ganze Welt geliefert wird.

↓ Eine der unendlich vielen Brücken in Norwegen verbindet hier die Insel Hillesøya.

Besuch bei den Schlittenhunden
auf der Insel Kvaløya.

Das Villmarkssenter, ein architektonisch reizvolles Bauwerk, schmiegt sich sanft in die verschneite, von eindrucksvollen Bergmassiven umrahmte Landschaft ein. Geplant war eine inszenierte Reportage mit Schlittenhunden und den Hobby-Wohnmobilen, aber die Fahrzeuge stehen nach wie vor im Hafen von Tromsø. Wir werden freundlich empfangen, besonders von den mehr als 300 verschmusten Hundeseelen, und genießen den fröhlichen Trubel der an- und abfahrenden Schlitten, die ihre Gäste über schneebedeckte Pisten durch die hügelige Winterlandschaft ziehen. Endlich der erlösende Anruf vom norwegischen Zoll: Die Fahrzeuge können abgeholt werden. Eben noch entspannt, schlägt die Stimmung in hektische Aufregung um.

↑ Hundegespanne am Villmarkssenter in Kvaløya, ca. eine dreiviertel Autostunde von Tromsø entfernt. Wir werden herzlich empfangen.

Eins sein mit der Natur und mit den Schlittenhunden das sagenhafte Winter-idyll genießen.

↑ Unermüdlich ziehen die Hunde im kleineren Rudel von sechs bis zehn Hunden die Schlitten durch die verschneite Landschaft.

↑↑ Wie kleine, funkelnde Sterne glitzert der Schnee im Licht der untergehenden Sonne.
↑ Das Villmarkssenter, sensibel in die Umgebung gebaut, innen ein wärmender Kamin und Konferenzräume mit modernster Technik.

Hobby

Die Fahrzeuge sind tatsächlich freigegeben. Und weil es so schön war, geht es an Bord unserer »Fotomodelle« gleich noch einmal zurück nach Sommarøy ...

Das historische Zentrum Tromsøs mit seinen farbenprächtigen Fassaden als dankbare Kulisse für unsere Arbeit.

← Von vielen Seiten der Stadt gut sichtbar, ragt der Turm der 1861 fertiggestellten Domkirke in die Höhe. Es ist der nördlichste evangelische Dom der Welt.
→ Verschneite Stadtansicht und Straßenszene.
↘ Second-Hand-Laden Postludium.

Mit unserem Wohnmobil sehen wir die Stadt noch einmal mit ganz anderen Augen.

Das Stadtzentrum von Tromsø ist die größte Ansammlung historischer Holzhäuser nördlich von Trondheim. Stilelemente aus der Empirezeit zieren die Hauseingänge und bilden einen faszinierenden Kontrast zu bunt bemalten Steinhäusern und moderner Street Art-Kunst. Mit unseren Wohnmobilen fahren wir noch einmal kreuz und quer durch die Stadt und erleben die verschiedenen Facetten Tromsøs bei schönstem Winterwetter.

↑ Blick von oberhalb des Kongsparkens in Richtung Ishavskatedralen auf der anderen Seite des Tromsøysundet.

TROMSØ

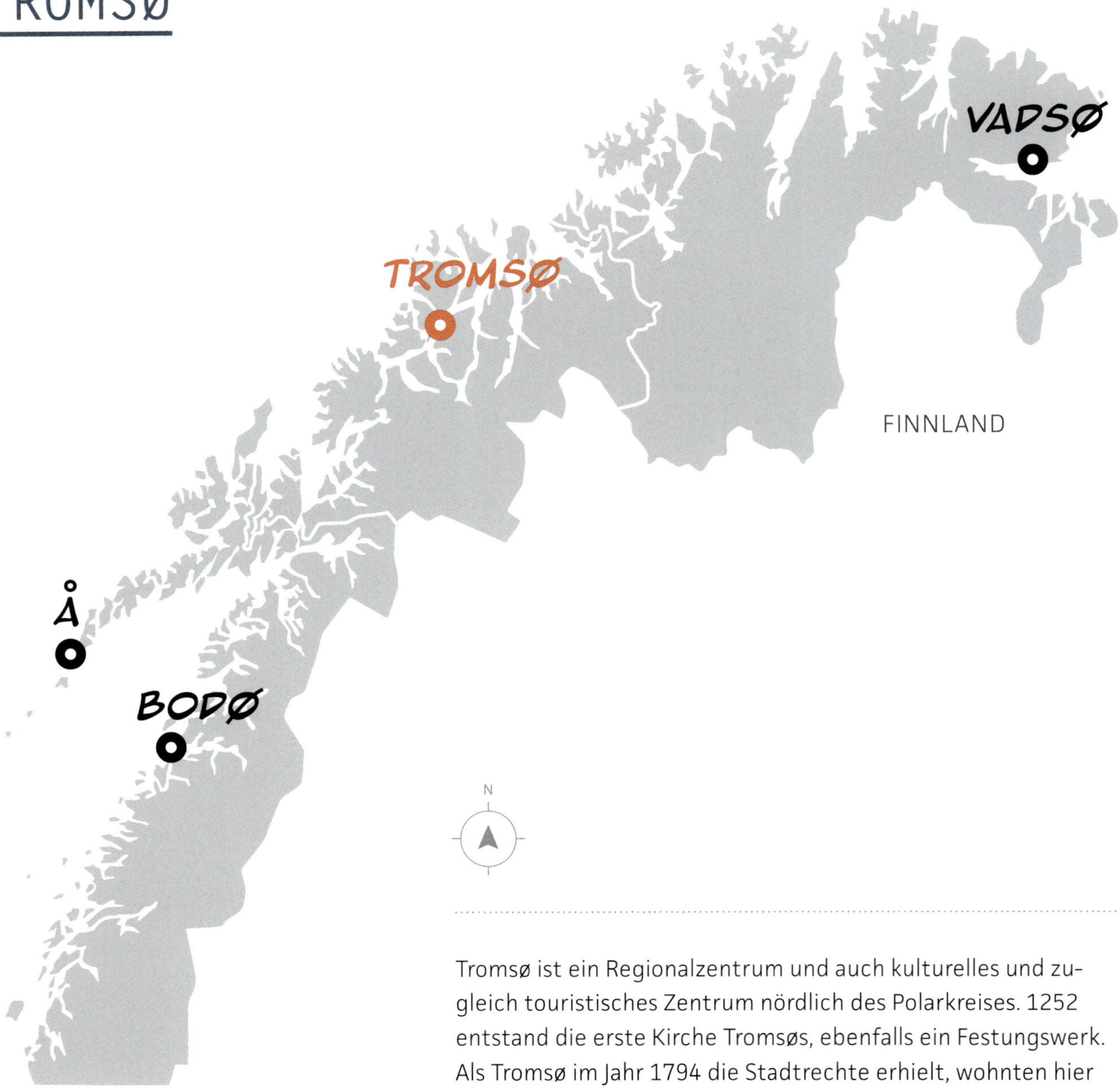

Tromsø ist ein Regionalzentrum und auch kulturelles und zugleich touristisches Zentrum nördlich des Polarkreises. 1252 entstand die erste Kirche Tromsøs, ebenfalls ein Festungswerk. Als Tromsø im Jahr 1794 die Stadtrechte erhielt, wohnten hier gerade einmal 80 Menschen. Tromsø ist fester Bestandteil der viel befahrenen Hurtigruten-Linie und wird in der Regel am vierten Tag der Reise erreicht. Die Touristen haben vier Stunden Aufenthalt in der Stadt.

Bevölkerung:	75 000 Einwohner
Größe:	achtgrößte Stadt Norwegens
Temperatur:	durchschnittlich 2,5 Grad C
Sonnenstunden:	ca. 1250 Stunden pro Jahr
Niederschlag:	ca. 1000 mm pro Jahr, viel davon als Schnee

Zahlreiche bedeutende Expeditionen nahmen in Tromsø ihren Anfang und verhalfen der Stadt zu ihrem passenden Beinamen »Tor zur Arktis«. Heute legen am Kai direkt im Zentrum die Postschiffe der Hurtigruten und kleinere Kreuzfahrer an.

Seit fünf Tagen sind wir in Tromsø und genießen die Mischung aus gemütlichem Flair und lebendiger Geschäftigkeit.

↑ Die Eismeerkathedrale mit ihrer extravaganten Silhouette ist das Wahrzeichen der Stadt.
← Das letzte Sonnenlicht des Tages am kleinen Hafen in Tromsø, abseits des großen Trubels an den großen Kreuzfahrer-Piers.

Bummel durch die Hauptstadt der Arktis

In Tromsø wechseln sich trendige Bars mit kleinen Geschäften von traditionell bis unkonventionell ab. Allen gemein sind die aufgeschlossenen Norweger, die auf uns angenehm entschleunigt wirken. Die mächtige Domkirche, die sich mitten im Stadtzentrum befindet, ist die einzige Kathedrale Norwegens, die aus Holz gebaut ist.

RANDI
parfymeri
tørkler·hatter
RANDI
EGON
EGON

Ausgelassene Stimmung
in der Tromsøer Innenstadt.

↑ Das Fellgeschäft an der Ecke. Lieber wäre mir, ich hätte diesen Eisbären in der freien Wildbahn gesehen.

Auf einem meiner zahllosen Spaziergänge durch Tromsø steht mir der Schrecken ins Gesicht geschrieben: Ein Eisbär, groß und kräftig, taucht aus dem Nichts hinter der nächsten Straßenecke auf. Daneben Polarfüchse, Mufflons, Robben - ein ganzer Zoo wilder Tiere, hinter der Schaufensterscheibe eines Fellgeschäftes vereint. Tief berührt verharre ich vor dem beleuchteten Fenster und stelle mir vor, wo die Tiere waren, bevor sie ihr jähes Ende fanden. Stromernd durch verschneite Wälder, geruhsam grasend auf den Weiden nordischer Täler oder behäbig wandernd über endloses Eis...
Was würde ich dafür geben, all diese Tiere lebendig und in freier Wildbahn betrachten zu dürfen anstatt als Kleidungsstücke reicher Menschen.

Wie fröhlich hingegen wirken die Samen, die Ureinwohner Nordskandinaviens, in ihren bunten Trachten, die sich eine Woche lang in Tromsø zu ihrem alljährlichen Traditionsfest treffen.
Mit Konzerten, Vorträgen und Lagerfeuerkaffee wird die samische Kultur gefeiert und jeder ist eingeladen, an den Feierlichkeiten teilzuhaben oder zumindest ein Erinnerungsfoto zu schießen.

Storgata, die Einkaufstraße von Tromsø

SINTEF
Swegon
LEDELSE
I NORD

Der Job – und ein faszinierter Fotograf

Wintercamping unter dem farbenprächtigen Himmelsschauspiel der Polarlichter – so lautet unser Auftrag. Und wir haben mehr als Glück: Wie grüne Flaschengeister tauchen sie aus dem Nichts auf und tanzen mit den funkelnden Sternen um die Wette.

Für unser allererstes inszeniertes Foto mit den Hobby-Mobilen meint Frau Holle es gut mit uns: Dicke Schneeflocken fallen wie weiche Federn vom Himmel. Der flackernde Schein des Lagerfeuers versprüht Abenteuerromantik pur. So schön kann Wintercamping sein ...

Hobby

Hobby hat Journalisten aus ganz Europa eingeladen, um die neuen Wohnmobil-Modelle vorzustellen. Wir bereiten die Szene vor: Acht Fahrzeuge in Position bringen, Feuer entfachen und Kerzen anzünden. Die blaue Stunde ist bereits angebrochen und Eile geboten. Licht und Atmosphäre stimmen.

↑ Journalisten beziehen ihre Nachtquartiere.
↑↑ Schlafplatz in den Wohnmobilen auf dem Campingplatz.
↑↑↑ Espen A. Bjørkmo, von TouringCars

↑ Jutta Bringazi, von Truma
↑↑ Gruppenaufnahme der Event-Teilnehmer.
↑↑↑ Gemeinsames Abendessen im Hotel.

↑ Highlight des Hobby Presse-Events. Alle acht Fahrzeugmodelle und die versammelte Presse unter einem leuchtenden Polarlichthimmel.

→ Auf dem Hochplateau oberhalb von Tromsø können wir die Wohnmobile ins rechte Licht rücken. Hier der dicke Bruder unseres Vantana Reisemobils mit dem Namen Optima Ontour.

Ab heute sind Bille und ich allein auf unserer Abenteuertour unterwegs. Eigentlich wollten wir bereits gestern in Richtung der Lofoten aufbrechen – Rechner-Probleme und einige Umbauten am Fahrzeug verzögerten jedoch unsere Abfahrt. Irgendetwas ist ja immer... Die Kollegen von TouringCars versorgen uns mit warmem Bettzeug und Küchenutensilien, bevor wir unsere erste Nacht im nagelneuen Vantana am Hafen von Tromsø erleben.

↑ TouringCars-Station in Tromsø. Hier bekommen wir unser Fahrzeug mit allem ausgestattet, was wir für unsere Reise brauchen.

↑ Im Outdoorladen gibt es eine Daunenjacke für Ollo und Socken für Bille, eine sympathische Beratung bekommt man gratis dazu.

→ Im Baumarkt gibt es wirklich alles, was das reisende Herz begehrt. Fahrräder zählen am Polarkreis nicht gerade zu den meistgefragten Artikeln. Um so glücklicher sind wir, ein robustes Mountainbike zu ergattern.

↙ Abfahrt aus Tromsø.

Unserer Abreise aus Tromsø und dem Start unseres Roadtrips steht nun nichts mehr im Weg. Letzte Möglichkeit, uns mit allem einzudecken, was uns auf der Reise in den Süden hilfreich sein könnte. Wird das Fahrrad die Rettung in der Wildnis sein? Oder die Laufschuhe von Bille, die sie in einem der zahlreichen Geschäfte entdeckt hat. Potenzial hat auch die warme Daunenjacke, aber vielleicht machen auch die Kabelrolle oder die Schlüsselringe das Rennen um den sinnvollsten Einkauf. Wir werden sehen…

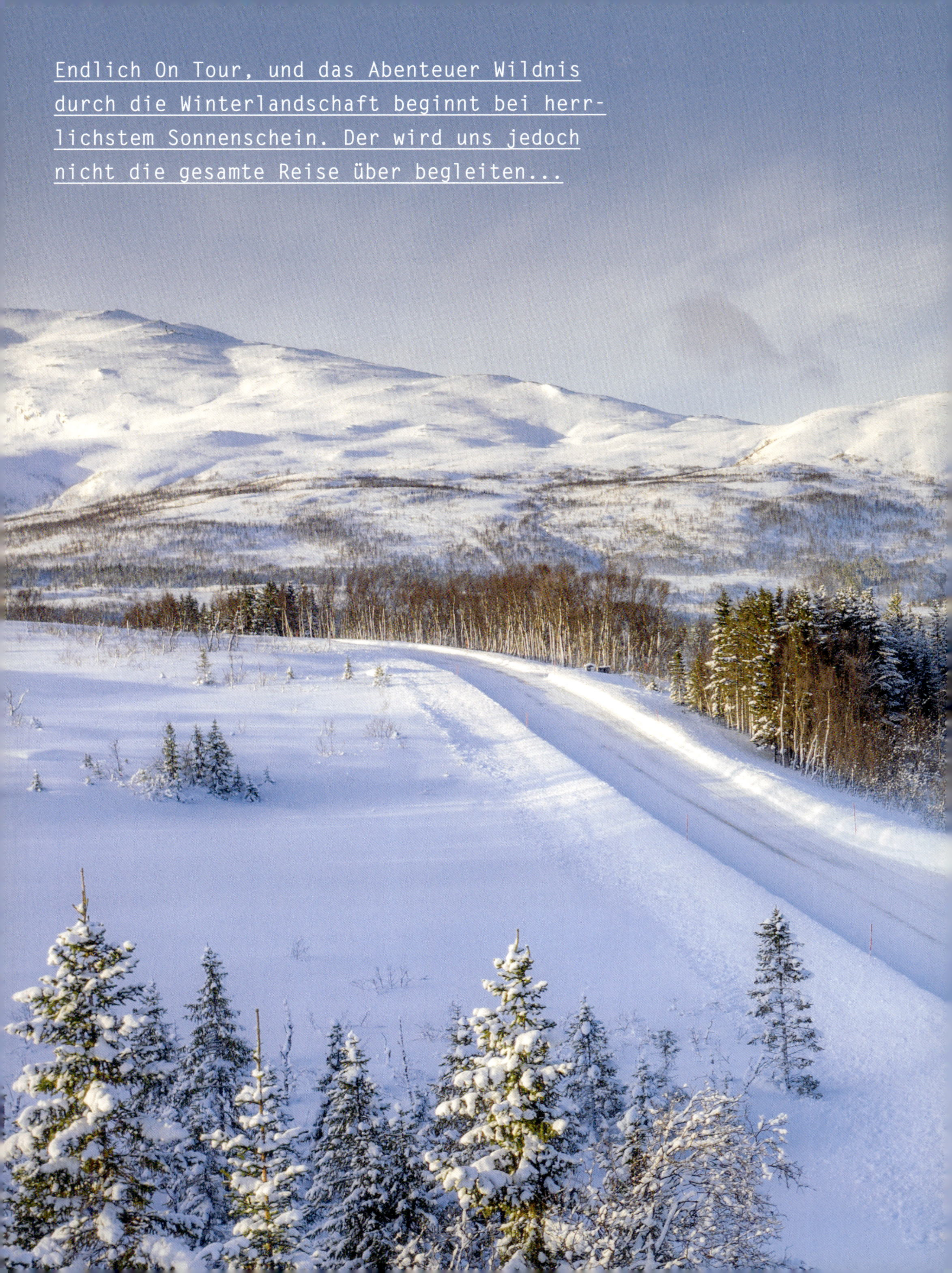

Endlich On Tour, und das Abenteuer Wildnis durch die Winterlandschaft beginnt bei herrlichstem Sonnenschein. Der wird uns jedoch nicht die gesamte Reise über begleiten...

Hinter einer gewaltigen Stahlbrücke biege ich abrupt links in eine kleine Straße ab, die zum Fjord hinunterführt, als das Wohnmobil plötzlich ins Rutschen gerät. Die Lenkelektronik mischt sich ungefragt ein – nicht wissend, dass wir bereits den Berg hinabschlittern, geradewegs auf eine verschneite Leitplanke zu.

→ **Brücke über den Skjomen auf der Europastraße 6, südlich von Narvik.**

← Ein altes Werftgebäude hat unsere Neugier geweckt.
→ Inzwischen sind wir angekommen in unserem rollenden Zuhause. Gegen 15.00 Uhr wird es langsam dunkel, und wo andere an Kaffee und Kuchen denken, bereiten wir langsam das Abendessen vor.

Ein Traum von Norwegen - tiefblaue Fjorde, schneebedeckte Berge und farbenfrohe Holzhäuser.

Wunderschöne Fjorde und einsame Buchten begleiten uns auf unserer Fahrt von Tromsø in Richtung Süden. Meterhoch türmt sich der Schnee am Wegesrand auf. Vereinzelt blinzeln rote Fischerhäuser aus dem strahlenden Weiß hervor und unterbrechen als fröhliche Farbkleckse die stille Natur.

Unterwegs auf den Lofoten

Die Straße nach Eggum endet als Sackgasse
an der Küste des Europäischen Nordmeeres.

Norwegens ungezähmte Inseln, die wie schroffe Felswände aus dem Atlantik ragen, liegen vor uns. Wir wollen die Lofoten für uns entdecken und, wenn möglich, sogar hier surfen.

Die Lofoten verdanken ihren Namen ihrer Form. Ein bisschen Fantasie ist schon gefragt, um die rund 80 Inseln als »Luchspfote« zu erkennen, die ihren Abdruck im arktischen Meer hinterlassen hat. Aus dieser Perspektive sehen die Lofoten aus, als hätte man die Alpen geflutet.

Aus dem warmen Drinnen das stürmische Draußen beobachten.

Die Straßenverhältnisse zwingen uns, auf einem Parkplatz zu stoppen. Böen von mehr als zehn Windstärken fegen über uns hinweg und ruckeln unerbittlich an unserem Wohnmobil. Während es draußen in Strömen gießt, machen wir es uns drinnen gemütlich. Kochen, Bilder sortieren, auf morgen warten und gespannt sein, wo wir als nächstes landen werden. Das ist »On Tour«!

Die Kubbholmenleia bru zwischen Ramberg und Fredvang führt über den Selfjorden.

Wir erinnern uns an die dunkle Jahreszeit in Deutschland, mit Nieselregen und Schneematsch. Wie traumhaft schön ist dagegen der Winter auf den Lofoten. Das Wetter schlägt zwar schneller um, als man »Ach wat« sagen kann, aber bei den Impressionen, die sich uns jeden Tag bieten, bleibt unsere Laune konstant im Allzeithoch.

← Roter Farbtupfer in weißer Winterlandschaft.

↓ Malerische Häfen mit bunten Fischerbooten entlang der E 10.

↓↓ Unser erstes Rentier – ausgerechnet hier! Wir waren aufgeregter als das Rentier während dieser Begegnung.

Die Straßen winden sich durch weite Täler und an spiegelglatten Fjorden vorbei. Auf unserer Tour entlang des Kong Olavs Vei, wie die Europastraße E10 in Norwegen heißt, legen wir an einem alten Hotel direkt auf einem Hügel am Fjord eine Rast ein. Ein freundlicher Norweger reicht uns einen Prospekt ins Auto, der sein jahrhundertealtes Haus Gästen für eine Übernachtung anpreist. Ich könnte ihm eine gute Agentur für die Neugestaltung seines Flyers empfehlen...

Grauer, wolkenverhangener Himmel über den Fjorden. So lange es nicht regnet und der Wind nicht stärker wird, erkundet unsere Drohne die Gegend aus der Luft

Die Landschaft wirkt wie verzaubert. Selbst bei diesem Schmuddelwetter warten hinter jeder Kurve spektakuläre Ausblicke. In einem engen Tal zwischen Svolvær und Kabelvåg spiegelt sich der Fjord zwischen den schroffen, schneebedeckten Felsen, sodass man kaum erkennen vermag, wo oben und wo unten ist. Der Schall hallt glasklar über das Wasser und prallt ebenso klar von den umliegenden Felswänden wieder ab.

↑ Die Stille in dieser atemberaubenden Landschaft ist geradezu magisch. Wie eingepackt zwischen Raum und Zeit und wir mittendrin. Da ist jedes Wort eines zu viel.

Weite Buchten wechseln sich mit eindrucksvollen Felsformationen ab. Vereinzelt durchbrechen kleine Häuser in unterschiedlichsten Farben die friedlich daliegende Natur und zaubern ein wenig Heiterkeit in das triste Grau. Der Schnee ist so schnell geschmolzen, dass sich Flechte und Moose auf den Felsen zeigen. Trotz des schlechten Wetters versuche ich, die Landschaft im Regen für uns festzuhalten. Völlig durchnässt erreichen wir Eggum, eine kleine Fischersiedlung, verlassen zwischen Bergen und Meer und das letzte Ziel unseres heutigen Tages. Auch hier sind es wieder die Häuser, aus deren Fenstern Gelsenkirchener Barock in den trüben Nachmittag lacht und das Bild fröhlicher erscheinen lassen.

↑ Den Straßenverhältnissen angepasst, kommen wir bei dieser Witterung nur sehr langsam voran.

↗ Inzwischen haben wir das offene Meer erreicht.

→ Ein weiteres Tiefdruckgebiet ist im Anmarsch, Orkanböen fegen über den Strand.

↑ Zivilisation im Einkaufscenter Leknes. Menschen aus den umliegenden Dörfern und Gemeinden treffen sich hier zum Smalltalk und zum Kaffeetrinken. Es gibt einige Modegeschäfte, einen kleinen Baumarkt, eine Cafeteria und einen Supermarkt.

Das Wetter im sonst sicher idyllischen Leknes meint es leider nicht gut mit uns. Wir stehen auf einem Parkplatz mitten in der Stadt und der Sturm hat mich um 04.00 Uhr morgens aus dem Schlaf gerissen. Die Welt scheint im Regen zu ertrinken und das Wohnmobil schaukelt, als würden wir auf einem Autozug mitfahren. Die schöne Winterpracht ist mittlerweile gänzlich verschwunden und das Wetter lässt den Ort trist erscheinen. Leknes hat zwar nur wenige Einwohner, dafür aber eine Einkaufsmall. Prepaid-Karte kaufen und mit freundlichen Menschen ins Gespräch kommen, entschädigen mich für eine fast schlaflose Nacht.

18

Das kleine Licht am Himmel wird mit jedem Kilometer heller. Hinter der nächsten Kurve liegt es vor uns, das nördliche Polarmeer. Aufgepeitschte Wogen donnern an den Strand. Ein Gemisch aus Schnee, Gischt und Salz weht gebündelt und mit heftigster Wucht vom offenen Atlantik auf die Küste zu. Wassertropfen laufen ständig über die Linse, und der Sturm rüttelt erbarmungslos an meinem Stativ. Langzeitbelichtungen sind bei diesen Bedingungen schlicht und einfach nicht möglich.

← Wir stellen uns in dieser Nacht wieder einmal zum Schutz vor dem Sturm hinter ein verlassenes Haus im Zentrum des Örtchen Leknes.

↓ Abends, wenn überall warmes Licht aus den Häusern dringt, legt sich eine wunderbar unaufgeregte Stimmung über die spektakuläre Natur.

Südöstlich von Leknes passieren wir einen eisigen Fluss, der in einem halb zugefrorenen Fjord mündet. Eisschollen schwimmen gemächlich durch das kalte Gewässer, um sich am Ufer zu bizarren Gebilden zu türmen. Eben noch leuchtend blau, tauchen kurze Zeit später rosarote Schleier den Himmel in ein mystisches Licht, das uns zur Weiterfahrt nach Mortsund, einem kleinen Ort inmitten der zerklüfteten Felsenlandschaft, auffordert.

↑ Eisschollen auf dem Buksnesfjorden, östlich von Leknes. Eisschollen haben für uns eine magische Anziehungskraft. Besonders wenn unter ihnen das Rauschen des Wassers zu hören ist.

Sonnenaufgang im kleinen Fischerdorf Mortsund.

In Mortsund begrüßen uns Tausende an Seilen aufgehängte Fischköpfe. Der Gestank ist nichts für eine empfindliche Nase, aber Bille ist tapfer. In einem knalligen Rotorange lugt die Sonne hinter dem Felsmassiv hervor, der die kleine Fischersiedlung vor den Wellen des Ozeans schützt. Nach einer kurzen Erkundung des recht ärmlich wirkenden Dorfes setzen wir unseren Weg nach Nordosten in Richtung Ure fort. Wir wollen das gute Wetter ausnutzen und nehmen die Route über einen der imposanten Toblerone-Berge, wie Bille sie nennt. Sie ist einfach fantastisch, diese Landschaft, die man aus jedem Winkel festhalten möchte. Fluch und Segen zugleich – ich weiß, wovon ich spreche.

↗ Ferienhäuser am Buksnesfjorden.
← Fischköpfe zum Frühstück.
→ Hafen von Mortsund.

Fischzucht wird wie hier auf unzähligen
Fjorden in Norwegen betrieben.

Bei dem Versuch, den Vantana auf der schmalen, kurvigen Straße in Szene zu setzen, rutscht das Wohnmobil in einen verschneiten Graben und droht umzukippen. Weit und breit keine Menschenseele; die Tage sind kurz und uns laufen Zeit und Licht davon. Bis Unstad ist es nicht mehr weit und die Witterungsbedingungen versprechen meine erste Surfsession. Endlich naht die Rettung: Eine freundliche Norwegerin stoppt, organisiert ein Abschleppseil und zieht uns mühelos aus dem Graben. Die Hilfsbereitschaft der Menschen hier oben im Norden ist einfach großartig.

↗ Frühstückspause im morgendlichen Sonnenlicht am Fjord bei Ure.

← Eine hilfsbereite Norwegerin mit Abschleppseil zieht unseren Vantana aus dem Graben, der durch den Schnee nicht zu sehen war.

Kurze Zeit später stehen wir am Ufer eines Fjordes. Die Sonne durchflutet das Auto und wir genießen es, hier zu sein. Bille und ich halten beide den Kilometerstand für die Uhrzeit und sind glücklich, so früh aufgestanden zu sein. Leider ist es nicht 9.30 Uhr, sondern bereits 11.00 Uhr. Stattdessen sind wir 930 Kilometer mit dem Vantana unterwegs und fühlen uns mittlerweile wie zu Hause. Selbst die zunächst verpönte Nasszelle möchten wir nicht mehr missen.

Wellen im norwegischen Polarmeer

Einfach magisch: Aufgepeitschte See
im Vikspollen auf dem Weg nach Utakleiv.

Der Nordatlantik ist rau und faszinierend zugleich. Mit unbändiger Kraft rollen die Wellen aus weiter Ferne in die einsamen Buchten und stimmen mich fast ein wenig ehrfürchtig auf meine Surfsession ein.

Gegen 12.00 Uhr erreichen wir Unstad, ein winziges Dorf im Nordwesten der Lofoten und ein Surferparadies Nordeuropas. Schmale, gewundene Straßen und enge Tunnel lassen die Spannung steigen, was uns hinter der nächsten Kurve erwartet. Als wir das Dunkel des letzten Tunnels verlassen, führt eine kleine Straße in ein mächtiges Tal hinab. Das also ist Unstad, von zerklüfteten, schneebepuderten Bergen umschlossen.

↑ Das Klettern auf den Bus, um das Board vom Dachträger zu binden, erweist sich in der Kälte mit Eis und Schnee als besondere Herausforderung.

← Wellen und Fischerhäuser in Unstad.

Ein Schild der Arctic Surfschule am Dorfeingang verrät, dass wir hier nicht die ersten Surfer sind. Die Bestätigung folgt bereits eine Minute später: Mindestens zehn Surfer tummeln sich im eiskalten Wasser. Die Wellen kopfhoch und glacy – ich werde nervös. Dass sich das Wax auf dem kalten Board nicht verreiben lässt, sondern wie ein Stück Seife über die Oberfläche glitscht, macht die Sache nicht gerade besser. Ein paar dicke Wachsstreifen müssen reichen. Umziehen und los!

↑ Vor lauter Aufregung vergesse ich, meinen Neopren-Anzug zu schließen. Bemerkt habe ich das beim ersten Tauchen durch die Welle.

Ich konzentriere mich jetzt nur noch auf das Wellenreiten. In der Mitte der Bucht ist eine Strömung, die nach draußen zieht, deutlich zu erkennen. Leider befinden sich exakt an dieser Stelle riesig große Placken von Meeresgewächsen, die wie überdimensionale Krakenarme dicht an dicht im Wasser schwimmen und sich wie eine zentnerschwere Last um meine Beine und meine Leash legen. Wer hat eigentlich vergessen, den Reißverschluss meines Neoprenanzugs zu verschließen, durch den sich das arktische Wasser ungehindert seinen Weg bahnt? Kurze Zeit später reite ich endlich meine erste Welle nördlich des Polarkreises. Nach einer Stunde und rund einem Dutzend gesurfter »Polarwellen« später gehe ich den Strand entlang und fühle mich gut. Jetzt ist die Tour tatsächlich auch noch zu einem Surftrip geworden. Bille an meiner Seite, im Winter auf den Lofoten Surfen, eine warme Dusche, heißer Kaffee auf dem Tisch – pura vida!

↑ Ich bin mir sicher, hier ist der »channel«, nicht sicher bin ich mir hingegen, was um mich herumschwimmt.

UNSTAD und das eine Bild, das ich schon immer machen wollte...

Erschöpft und guter Dinge sitzen wir einige Zeit später wieder mit roten Wangen in unserem Wohnmobil und entschließen uns, meine ewig geplante Zeltinszenierung zu starten. Die Witterung mit wenig Wind passt perfekt. Ob das Motiv in unsere Reisegeschichte passt oder nicht, ist dabei unerheblich. Das Bild, das ich seit langem vor Augen habe, will hier und endlich umgesetzt werden.

↗ Wir unternehmen lange Spaziergänge bis hinauf in das steil ansteigende Gelände am westlichsten Zipfel der Bucht mit einem herrlichen Ausblick auf das Nordmeer und Unstad.

Die Nacht über hat es mächtig geschneit. Wie ein frisch gewaschenes, makellos weißes Laken bedeckt der Schnee die zerklüftete Bucht von Unstad. Ein heftiger Wind bläst vom Land auf das Meer, und die Wellen zeigen sich in einem perfekten Shape. Wind und Schnee werden von Minuten zu Minute stärker, sodass nach kurzer Zeit nicht einmal mehr die Konturen der steilen Felshänge zu erkennen sind.

↑ Eine kleine Inszenierung mit Zelt, für die wir so gegen 16 Uhr und in Eiseskälte nochmal alles aus unserem Fahrzeuge räumen, was wir in unserer Planung dafür vorgesehen haben. Neben dem Fotoequipment natürlich unseren Grill, das Surfboard, Decken, Tee und das Holz von der Tankstelle in Leknes.

Hier oben bestimmt das Wetter das Leben – und auch unseren Tagesablauf.

Der Wind brist weiter auf und es schneit immer stärker. Was tun? Dasselbe wie die amerikanischen Touristen, die neben uns stehen: Ich stemme mich mit meiner Kameratasche gegen das heftige Schneetreiben. Das Fotografieren erweist sich jedoch als schwierig bis unmöglich. Nach jedem Foto ist die Linse nass und dicke Flocken machen sich auf dem Glas breit. Wir entschließen uns, morgen unseren Weg Richtung Westen fortzusetzen und Unstad zu verlassen.

Der Tunnelblick

Mal spacig illuminiert wie eine Diskothek, mal eng und schummrig wie ein altes Gemäuer. Mit Kreisverkehr und großen Kreuzungen. Bergauf oder steil hinunter. Tief im Inneren des Berges oder als Abkürzung um die nächste Kurve. Triefend wie eine Tropfsteinhöhle oder modern ausgebaute Röhren mit sämtlichem Komfort. Norwegen verfügt über mehr als 800 Straßenkilometer Tunnel.

Als wir wieder auftauchen, ist die Landschaft in ein goldenes Licht getaucht. Schneewolken stieben durch die Luft und dicke Eispanzer auf den Straßen glänzen im Abendlicht. Wir sind versöhnt für die letzten drei Schietwetter-Tage.

↗ Glasbläserei in Vikten.

← Entlang der Küste am Moskenstraumen überall kleine Peaks mit sauberen Wellen durch den stark ablandigen Wind.

Das kleine Dorf Vikten auf der relativ großen Insel Flakstadøya umfasst ein paar Häuser, eine Schule und eine architektonisch interessante Glasbläserei. Die Glasbläserei wäre von innen sicher ebenfalls spannend, aber da wir nach Ladenschluss ankommen, können wir die fragilen Arbeiten nicht mehr bestaunen.

Auf den Lofoten immer weiter Richtung Westen.

Über filigran anmutende Brücken, die die Inseln der Lofoten miteinander verbinden, fahren wir nach Ramberg, einem kleinen Fischerdorf im Norden der Insel Flakstadøya, um in der dortigen Tourisitinfo unser Fährticket zum Festland zu buchen. Übermorgen früh werden wir von Moskenes auf den Lofoten nach Bodø übersetzen.

Auf dem Weg in Richtung Å passieren wir Reine und beobachten, amüsiert und verständnisvoll zugleich, die vielen Fotografen, die in kleinen Gruppen dicht an dicht nebeneinanderstehen.

Die Authentifizierung meiner Kreditkarte streikt und damit scheitert die Fährreservierung. Immerhin wissen wir jetzt: Vorrang haben die Fischlaster, anschließend kommt mit, wer ganz vorne in der Reihe steht. Und das werden wir sein! Bis dahin genießen wir die verbleibende Zeit am nordwestlichsten Zipfel Europas.

↑ Überall Fotografen, die sich offensichtlich alle für die selbe Perspektive interessieren.

→ Steile Felsformationen recken sich in den Himmel. Wir machen uns auf den Weg zum Nusfjord.

Das malerische Nusfjord, von roten Häusern auf Stelzen umsäumt, ist das bekannteste und besterhaltene historische Fischerdorf der Lofoten. Ein Morgenspaziergang in der strahlenden Sonne lässt die vergangenen Regentage vergessen. Durch tiefe Schluchten und über unzählige Brücken setzen wir unsere Reise entlang der E 10 in Richtung Sørvågen fort.

← Stocksteife Stockfische, auf norwegisch Tørrfisk.

↑ Nusfjord, ein hübsches kleines Örtchen, in dem man sich wohlfühlt. Häuser auf Pfählen im Wasser, kleine Geschäfte und ein Hafen.

↑ Geschickte Arbeiter werfen ganze Bündel auf die Pfähle zum Trocknen. Die Kälte sorgt dafür, dass die Fische sich im Geruch zurückhalten.

Norddeutsche Fischköpfe treffen nordnorwegisches Pendant

Jedes Jahr im Dezember macht sich der Skrei, der atlantische Kabeljau, in riesigen Schwärmen von der eiskalten Barentssee auf den Weg in die wärmeren Gewässer Nordnorwegens. Warm ist dabei zwar relativ, aber immerhin sorgt der Golfstrom dafür, dass die Häfen hier selbst im Winter eisfrei sind. Von Januar bis April herrscht an den Küsten der Lofoten dann Hochbetrieb, denn im Gegensatz zu unseren eher geschmacklosen Ostseeexemplaren, dem Dorsch, ist die Winteredition als leckerer Edelfisch begehrt. Dicht an dicht hängen sie kopflos und im Duo an massiven Holzgestellen, um nach der Trocknungszeit als Stockfisch in südliche Länder exportiert zu werden. Die Köpfe warten in großen Bündeln auf westafrikanische Abnehmer, wo sie als proteinreiches i-Tüpfelchen in der Fischsuppe geschätzt werden. Ob die Nigerianer wissen, dass ihren Fischköpfen die Zunge fehlt? Die wird wiederum in Norwegen als Delikatesse geschätzt. Oft bessern sich Kinder ihr Taschengeld damit auf, den abgetrennten Kabeljauköpfen die Zunge herauszuschneiden.

Die kleine Insel Hamnøya
am Moskenstraumen.

↑ Offensichtlich eine Kritik an uns alle und
ein Aufruf gegen das Überfischen der Meere.

Die Vielfalt an Motiven, die spektakuläre Landschaft, die unberührte Natur – man möchte am liebsten überall gleichzeitig sein. Bei herrlichem Sonnenschein erreichen wir Å. In dem kleinen Ort mit dem kurzen Namen endet die E 10. Es ist das südlichste Fischerdorf auf Moskenesøy, der wiederum westlichsten Insel der Lofoten, und eines der ursprünglichsten in ganz Norwegen. Dabei mit rund 100 Einwohnern fast so überschaubar wie sein Name.

Å erinnert uns an eine Warft mit
Häusern darauf. Wir erreichen den
nordwestlichsten Zipfel Europas.

Charmante Häuser auf Stelzen und Fisch, so weit das Auge reicht.

In Moskenes halten wir am Hafen und erleben das Einlaufen eines Kutters. Anschließend das emsige Entladen von unzähligen Kabeljauen, die ausgekippt, in Kisten verfrachtet und zur Weiterverarbeitung in eine Halle transportiert werden. Irgendwie schaurig, wie viele Fische ein einziges kleines Fischerboot dem Meer entnimmt. Wie viele Fische gibt es eigentlich noch in den Ozeanen?

↑ → In Sôrvågen werden Kabeljaue aus dem Rumpf eines winzigen Fischkutters an Land gehievt.

↗ Beifang und Fischabfälle sind ein Festmahl für die Möwen im Hafen.

Richtung Süden zum Polarkreis

Vor einigen Tagen sagte ein alter Mann auf den Lofoten zu mir: »Ihr wisst schon, dass dies eines der schönsten Flecken auf Erden ist.« Ich kann ihm nur zustimmen. Dennoch verlassen wir das atemberaubende Bilderbuch-Archipel und nehmen Kurs auf Bodø und damit zurück auf das norwegische Festland.

Pünktlich um 20.30 Uhr legt die Fähre in Bodø ab. Bille schläft seelenruhig im Wohnmobil, während ich mich auf den Weg zum Außendeck mache. Ein kalter Wind weht mir ins Gesicht. Der Vollmond spiegelt sich in den eisigen Fluten, während die Lofoten nur noch als winzige Lichter am Horizont zu erkennen sind.

↑ Um sicher einen Platz an Bord zu bekommen, waren wir bereits zwei Stunden vor Abfahrt der Fähre am Hafen.

→ Überfahrt mit der Autofähre von Moskenes nach Bodø.

Am Arctic Circle

Wir sind am nördlichen Polarkreis angekommen – eine karge Gegend direkt an der Europastraße 6, die den Süden und den Norden Norwegens miteinander verbindet. In der unwirtlichen, winterlich verschneiten Gebirgslandschaft stapfen wir durch den meterhohen Schnee und nehmen die arktische Stimmung in uns auf.

↑ Bis auf einen Schneepflug und ein weiteres Wohnmobil scheinen wir die einzigen Besucher hier oben am Arctic Circle Center zu sein.

Polarsirkelen
Arctic circle
2 km

Einmal im Leben auf dem nördlichen Polarkreis stehen...

Das Arctic Circle Center, ein der Landschaft angepasstes, architektonisch imposantes Gebäude, das mit einer Ausstellung und Multivisionsshows über die Polarregion informiert, ist eigentlich ein Besuchermagnet. Heute liegt es verwaist inmitten der Schneemassen und scheint langsam, Zentimeter für Zentimeter, in ihnen zu versinken.

← In einer Schneewehe versunkener Eingang des ACC, Arctic Circle Center.

↑ Die E 6 in circa 680 Meter Höhe führt entlang des Saltfiellet-Svartisen-Nationalparks.

Die verschneite Europastraße 6.
Rote Stangen markieren den Straßenrand.

↑ Auf unserem Weg weiter Richtung Süden verschlechtern sich die Straßenverhältnisse zusehends. Das anhaltende Tauwetter macht aus den Straßen Rutschbahnen mit zentimeterdickem Eis. Die Spikes sind bei dieser Witterung wirkungslos.

Es gibt schönere Plätze, als an der E6 an einer y/x-Tankstelle zu stehen. Draußen regnet es und die Eisschicht auf unserem Auto wird immer dicker. Die Fahrbahnen sind mit Eis überzogen und das Ganze mitten in den Bergen und einem 10% Gefälle. Bille ist gegen die Abfahrt die spiegelglatte Passstraße hinab, die sich in einer lang gezogenen Kurve ins Tal windet. Zwei unfreiwillig von der Leitplanke gebremste LKWs haben wir bereits gesehen. Ich entscheide mich trotzdem dafür, und im ersten Gang nimmt das Wohnmobil Fahrt auf. Ein kurzes Anticken der Bremse reicht aus: Die Räder blockieren, das Fahrzeug bricht aus und dreht sich mit der Schnauze zur Leitplanke. Es geht zwar wie geplant bergab, aber leider ohne Lenkung! Wir schlittern auf die Leitplanke zu und in letzter Sekunde haarscharf an ihr vorbei, bevor uns die rettende Schneekante wieder in die richtige Spur bringt. Bleich, aber heil erreichen wir das Tal. Gut, dass wir in Norwegen sind und Bille nicht die Scheidung einreichen kann. Bis nach Trondheim sind es noch 520 Kilometer.

Paul Mc Cartneys Song »Junk« weckt uns um 5.30 Uhr. Kaffee kochen, wach werden und alles, was in den Kurven ungewollt seinen Platz wechseln könte, rutschfest verstauen. Punkt 7.00 Uhr und los geht's. Für mich gibt es nichts Schöneres, als in die Morgendämmerung hineinzufahren mit dem vagen Ziel, irgendwann irgendwo anzukommen. Das Navi zeigt acht Stunden Fahrt für die verbleibenden 500 Kilometer bis nach Trondheim.

Die Tour vom Polarkreis bis nach Trondheim verläuft ohne nennenswerte Zwischenfälle. Eindrucksvolle Landschaften lassen auch diese Etappe zum Erlebnis werden. Wir überqueren reißende Flüsse, fahren über Brücken, unzählige Berge hinauf und wieder hinab. Zu Eis erstarrte Wasserfälle hängen wie überdimensionierte Rauschebärte in unterschiedlichsten Farbtönen die steilen Felswände herab und bilden bizarre Formationen.

↑ Das Eis auf der Straße hat sich inzwischen größtenteils in braune Pfützen verwandelt. In der Straßenmitte verstecken sich hin und wieder gefährliche Spurrillen aus Schnee- und Eisresten.
↖ Die Route führt uns abwechselnd hinauf auf Bergspitzen und hinab in tiefe Täler. So wie die Landschaft wechseln stetig auch die Temperatur und die Straßenbeschaffenheit.

↑ Keine Seltenheit und doch jedes Mal anders: Die klirrende Kälte hat die Wasserfälle zu Eis erstarren lassen.

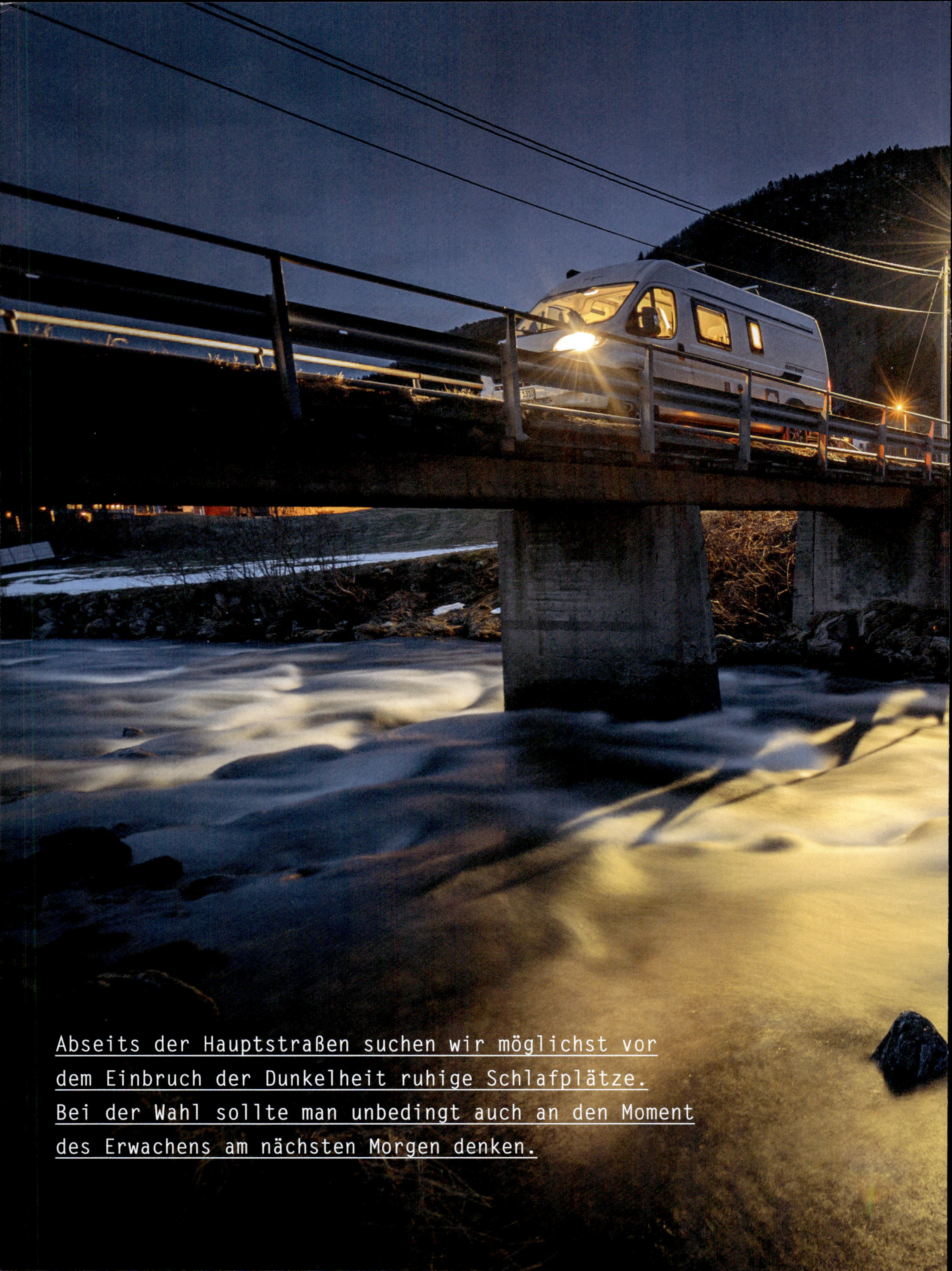

Abseits der Hauptstraßen suchen wir möglichst vor dem Einbruch der Dunkelheit ruhige Schlafplätze. Bei der Wahl sollte man unbedingt auch an den Moment des Erwachens am nächsten Morgen denken.

TRONDHEIM

Wie fast überall in Norwegen empfängt uns Trondheim mit einer wohltuenden Gelassenheit. Hektische Menschenmassen und dichter Verkehr sind hier Fehlanzeige. Wir parken an der Festung Kristiansten, die über der Stadt thront, und schlendern zu Fuß die steilen Gassen hinab. Vor dem imposanten Nidarosdom, dem Nationalheiligtum Norwegens, halten wir inne und lassen das beeindruckende Monument auf uns wirken. Das bedeutendste gotische Baudenkmal Norwegens – und die nördlichste mittelalterliche Kathedrale der Welt – war im Mittelalter und im 19. Jahrhundert Krönungsstätte der norwegischen Könige.

DOES IT
SPARK
JOY?

↑ Blick auf Trondheim hinunter von der Festung Kristiansten, einer Anhöhe unweit der Altstadt.

↖ Die mehr als 30.000 Studenten senken den Altersdurchschnitt der Bevölkerung der Stadt und tragen zur Lebendigkeit in den Straßen Trondheims bei.

← ← Die Holzbrücke »Gamle Bybroen« verbindet die Zentrumshalbinsel mit dem Stadtteil Bakklandet.

← Die ehemaligen Kaufmannshäuser direkt am Nidelva-Fluss.

Nach wenigen Gehminuten erreichen wir die Gamle Bybro, eines der Wahrzeichen Trondheims, mit ihren geschnitzten Torbögen. Von der Brücke aus genießen wir den Blick auf die bunten, eins-tigen Speicherhäuser Bryggen, die die Ufer der Nidelva säumen. In den Gassen des alten Stadtteils Bakklandet mit seinen kleinen, farbenfrohen Häusern herrscht ausgelassenes Treiben. Jung und alt im freundlich gemächlichen Miteinander.

↑ Nach dem Stadtbrand von 1681 machte man eine Vielzahl schmaler Gassen der Stadt zu breiten Avenuen. Durch diese Maßnahme sollten neue Brände verhindert werden.

↗ Nidarosdom
↖ Die Nedre Bakklandet, eine gemütliche Gasse mit zahlreichen Geschäften und Cafés.
← Gemütlicher Trödelladen in der Nedre Bakklandet.
↘ Die Holzbrücke Gamle Bybro.
↙ Die Geburt eines echten Norweger-Pullis.

Der Stadtkern liegt idyllisch auf einer Halbinsel, die im Norden vom Trondheimsfjord und im Südosten von der Nidelva umgeben ist. Viele Sehenswürdigkeiten, Museen und interessante Geschäfte liegen dicht beieinander. Etwa 30 000 Studenten wohnen in Trondheim und beleben die Stadt auf eine überaus willkommene, vitale Art.

Unser nächstes Ziel ist der Geirangerfjord. Etwa sieben Stunden Fahrt liegen vor uns – mit verschneiten Straßen rechnen wir erst einmal nicht mehr. Mit 5 Grad und einem Mix aus Sonne und Wolken liegt fast ein Hauch Frühling in der Luft. Vor unserer Abfahrt unternehmen wir einen spontanen Abstecher nach Ålesund. Vom Berg Aksla, knapp 200 Meter über der Stadt, genießt man einen fantastischen Blick auf den Sund. Ein schönes Abendlicht, das Auslaufen eines Hurtigruten-Schiffes – eine unvergessliche Atmosphäre. Aber die Aussicht zieht offenbar auch Partygänger, Liebespaare und andere nachtaktive Menschen an. Es dauert ein wenig, bis das Stimmengewirr um unser Auto herum langsam den Träumen weicht.

Etwa zwei Stunden eine schroffe und stark gewundene Landstraße entlang dauert die Fahrt Richtung Geirangerfjord. Zwei Fähren setzen uns jeweils am gegenüberliegenden Ufer ab, bis endlich der sagenumwobene Fjord vor uns liegt. In steilen Serpentinen schlängelt sich die Straße den Berg hinab in das kleine Dorf Geiranger. Leider hängen die Wolken so tief, dass brillante Landschaftsaufnahmen fotografisch kaum zu machen sind.

↓ Der Anleger von Eidsdal ist in Sicht.
↓↓ Gähnende Leere im Fahrgastraum.

↑ Über den Fjord nach Geiranger geht es mit der Fähre zunächst nach Eidsdal. Wir sind komischerweise das einzige Fahrzeug auf dem Schiff.

Auf steilen Serpentinen und durch Haarnadelkurven schrauben wir uns bis in den Ort hinab. Unten angekommen, geben wir unser nächstes Ziel ins Navi ein. Bergen: 7 Stunden 30 Minuten für ganze 300 Kilometer.

↑ Am Ende des Fjordes liegt das kleine Örtchen Geiranger und scheint im Winterschlaf zu sein.

↗ Haarnadelkurven und Serpentinen führen steil hinunter ins Dorf.

Majestätisch ragen die schneebedeckten Berge steil aus dem fast schwarzen Fjord empor. Keine Kreuzfahrtschiffe weit und breit, die den Fjord im Winter aufgrund von Lawinengefahr nicht passieren dürfen. Dass dieses Verbot auch für die kleine Fähre gilt, die wir auf unserer Weiterreise nehmen wollten, merken wir nach etwa zwei Stunden des Wartens am Anleger. Das bedeutet für uns: zwei Stunden zurück Richtung Ålesund, durch Tunnel hindurch, mit zwei Fähren über die Fjorde, unzählige Serpentinen hoch und wieder runter.

↑ In jedem auch noch so entlegenem Winkel der Welt fühlt man sich in einem Wohnmobil zu Hause.

↑↑ Die Aussichtsplattform hoch über dem Fjord ist direkt am Rand der Hunderte Meter abfallenden Felswände gebaut. Bille weigert sich, für ein Foto am Geländer zu posieren.

→ Leider besuchen im Sommer viel zu viele Kreuzfahrtschiffe den kleinen Ort Geiranger.

Die letzten Etappen:
Bergen - Oslo - Kiel

Da der Pass im Winter gesperrt ist, müssen wir auf unserem Weg nach Bergen auf Fähren ausweichen, hier nach Strande. Auf unserem Rückweg vom Geirangerfjord Richtung Bergen geht es auf der Landstraße 650 weiter über den Nordalsfjorden nach Stranda. Unsere Kreditkarte beginnt zu »glühen«.

Eingerahmt vom Fjord und sieben Gipfeln liegt Bergen vor uns. Obwohl die Stadt mit ihren rund 280.000 Einwohnern die zweitgrößte Stadt Norwegens ist, wirkt sie kompakt und kleinstädtisch charmant. Mehrere Jahrhunderte war Bergen Hauptsitz der Hanse. Die alte Hafenfront Bryggen, die von der UNESCO zum Weltkulturerbe erklärt wurde, lässt die Zeit des florierenden Handels zwischen Norwegen und dem Rest der Welt lebendig werden.

KNUT SKURTVEIT
BRYGGEN HUSFLID
JULEHUSET

↖ Parkplatzsuche am Hafen.

← Als diese gemütlichen engen Gassen gebaut wurden, gab es noch keine Wohnmobile. Wir beschließen, das Fahrzeug irgendwo außerhalb der Altstadt abzustellen.

→ In den Wintermonaten sind schon am frühen Nachmittag die Geschäfte hell beleuchtet.

Zur Orientierung unternehmen wir mit unserem Wohnmobil eine kurze Rundfahrt durch die Stadt. Wir finden den Hafen, die Sehenswürdigkeiten im Stadtzentrum. Einbahnstraßen, Kopfsteinpflaster und Hubbel lassen den Wagen von rechts nach links schaukeln und die Inhalte der Schränke neu sortieren. Bergen ist eine typische Hafenstadt mit einigen verruchten Ecken, die man aus anderen großen Städten wie Hamburg kennt. Überhaupt nicht unangenehm, eher heimelig, aber von der kleinen, heilen Holzhäuserwelt der Lofoten meilenweit entfernt.

OPTIKER SVABØ
SOLBRILLER
BRILLER
KONTAKTLINSER

Alte Fassaden aus Holz mischen sich unter die zu Gründerzeiten gebaute Jugendstil-Architektur. Die niedlichen Gassen mit Backsteinhäusern und Treppengiebeln erinnern mich an Lübeck. Viele Mauern sind mit Street-Art-Kunstwerken verziert, die einen immer wieder ins Hier und Jetzt zurückversetzen. Die Cafés und Bars sind voller Menschen und überall duftet es nach würzigen Speisen. Die Suche nach dem Fischmarkt endet in einem Restaurant mit angeschlossener, marktähnlicher Halle, in der allerlei Meeresgetier angeboten wird. Wir kaufen uns einen Fisch auf die Hand, probieren Elch- und Rentiersalami, verschmähen die Walfisch-Salami und wandern anschließend weiter auf den großen Platz inmitten der Stadt.

↖ Der Museumshafen von Bergen.
← Auf dem Speiseplan steht Fisch.
↗ Eine architektonische Mischung unterschiedlicher Epochen und Baustile in der Altstadt von Bergen.
→ Ein Fassadenbild mit offener Interpretation in Bezug auf seine Bedeutung. Für mich ein Meisterwerk.

TEMPOTEMPO
stil kontorservice
stil kontor service
PAULINA VINTAGE BOUTIQUE

TEMPOTEMPO

Wo man auch hinsieht und hinhört: Leben. Lachen. Regsamkeit.

Auf großen Plätzen, wie ich sie nur aus spanischen Metropolen wie Sevilla oder Barcelona kenne, herrscht selbst zur fortgeschrittenen Stunde ein munteres Treiben. Stadtmagazine werden verkauft, Bagpacker wechseln von einer Straßenseite zur anderen. Studenten sitzen entspannt in den Cafés und Familien schlendern mit Einkaufstaschen entlang der beleuchteten Geschäfte. Geschlafen wird später.

VOLT

Angenehm auffällig in den Städten Norwegens ist das Fehlen groß plakatierter Reklameschilder. Nirgends grinsen einen heuchelnde Werbeversprechen an. Das macht das Stadtbild optisch so viel ruhiger, sympathischer und lässt das fotografische Auge sich ganz auf das Wesentliche konzentrieren.

↖ Verliebter Elch ↗ Verliebte Bille

↑ Ähnlich wie in Trondheim, auch hier im Stadtbild breite Avenuen im Wechsel mit kleinen Gassen.

→ Johanneskirken in Bergen. Der Kirchturm ist mit 65 Metern der höchste der Stadt.

Deli
de
Luca

JEBSENS
BRYGGEN SHIPPING INT
26 NORTH
RADISSON BLU HOTEL
MADAM FELLE
BRYGGEN NIGHTC

Blick über den Byfjorden auf die Bryggen.

Als letzte Etappe unserer Reise steht Oslo auf dem Programm. Wir parken den Vantana auf einem der nahe gelegenen Parkplätze am Hafen und schlendern in die pulsierende Innenstadt. Königliches Schloss, Aker Brygge, Markthallen, Munch-Museum – wir haben viel vor!

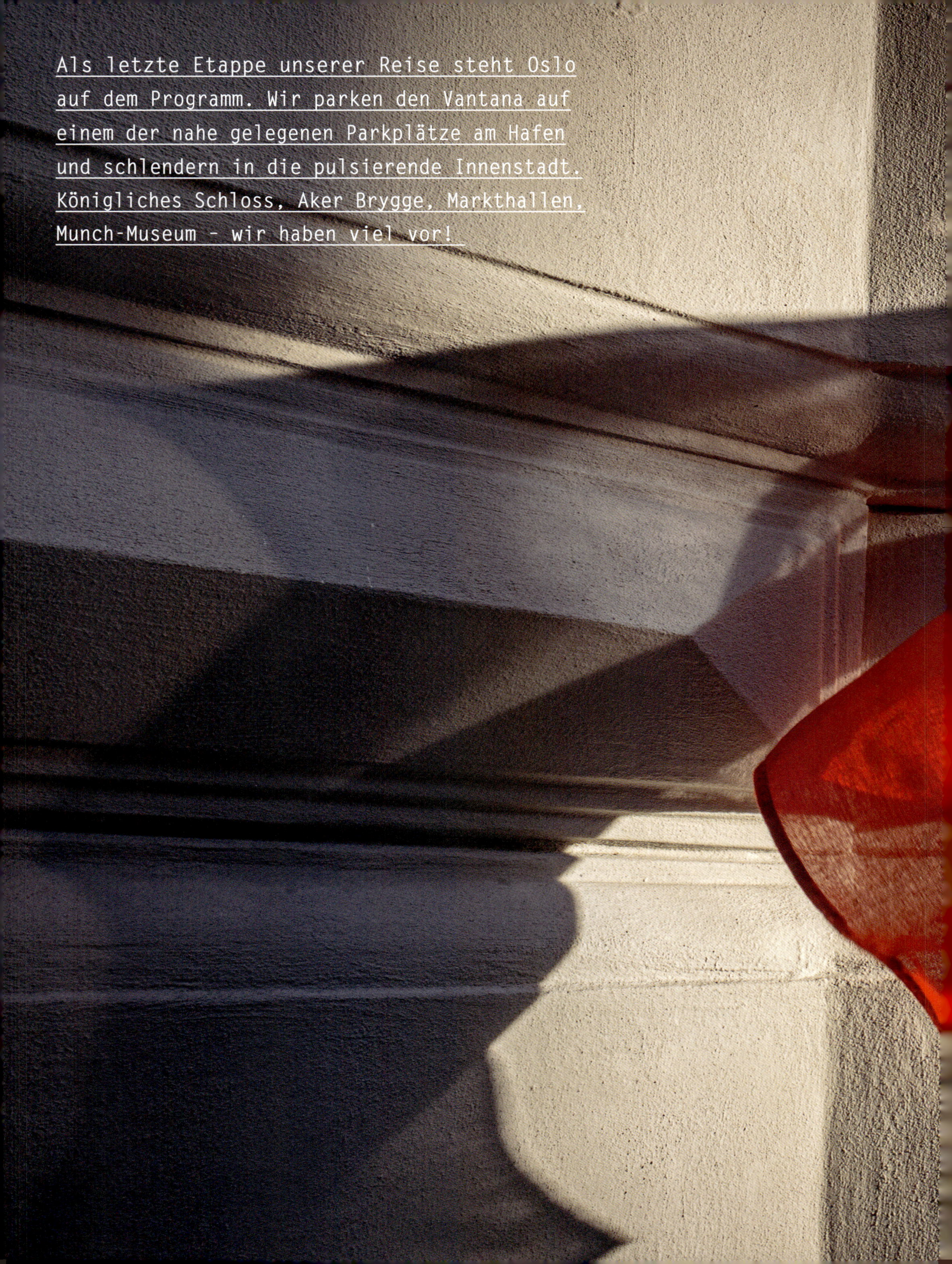

SHOPPING
MOTE
DESIGN
PALEET

← Oslo zeigt sich von seiner sonnigen Seite. Frühling liegt in der Luft. Inzwischen haben wir den 2. März 2019.

↙ Die unterschiedlichsten Menschen aus der ganzen Welt besuchen wie wir diese lebendige Stadt.

→ Tibetische Mönche auf dem Dach der Osloer Oper.

Die Sonne lacht vom Himmel und in der Prachtstraße Karl Johnas Gate wimmelt es von Menschen. Jung und alt, schwarz und weiß, Einheimische und Touristen. Es herrscht eine Lebendigkeit, die ich mir auch für unsere Heimatstadt Kiel wünschen würde. Die beiden Städte sind durch eine täglich pendelnde Fähre miteinander verbunden und unterscheiden sich doch so sehr voneinander. Im Vergleich zu Oslo wirkt Kiel wie ein verschlafenes Dorf.

Was zunächst auf großen Widerstand stieß, wird heute für ihre moderne Architektur hoch gelobt – zu Recht, wie wir finden: die Barcode-Skyline im Stadtviertel Bjørvika. Der Anblick dieser Fassaden verrät den architektonischen Mut der Stadtplaner.

Deloitte

↘ So bunt wie die Menschen sind auch die Auslagen der vielen unterschiedlichen Geschäfte der Stadt.
↙ Die Fjord-Sauna mitten im Hafen von Oslo.
↓ Kleine kreative Geschäfte mit ausgefallener Mode.

↑ ↙ Die neue Oper – faszinierende Architektur aus allen Blickwinkeln .... oder große Einkaufszentren.

Urbanes Saunieren? In Oslo scheint alles möglich zu sein. Direkt neben Oper und Hauptbahnhof gelegen, schaukeln die Saunaflöße sanft in den Wellen. Mit großem Gejuchse springen Wagemutige in den eiskalten Fjord. Da unser Badezeug warm und trocken im Auto liegt, entscheiden wir uns für eine Shoppingtour durch die vielen kleinen Läden, erkunden die Märkte, kehren auf einen Kaffee in einer trendigen Bar ein und genießen die Stadt in vollen Zügen.

Die Oper in Oslo, die sich wie ein Gebirge aus Eisschollen aus dem Fjord erhebt, ist einfach nur spektakulär. Und wie die norwegische Natur für jeden frei zugänglich ist, so darf auch hier auf dem Dach spaziert und gechillt werden.

→ Der Europarådets Plass im Zentrum Oslos – lebendig bei Tag und auch bei Nacht.

sopra steria
BY PORTEN
shopping
Radisson
Scandic
EGON

Glücklich und erschöpft liegen wir am Osloer Hafen nahe des Fährterminals in unserem Wohnmobil. Die letzte Nacht unserer Tour bricht an und ein wenig Wehmut macht sich breit. Voller neuer Eindrücke, einem Sack Bilder und mit unendlich vielen spannenden Geschichten im Gepäck verlassen wir morgen um 14.00 Uhr mit der Fähre Norwegen, um am darauf folgenden Tag um 10.00 Uhr wieder in Kiel anzulegen.

↑ Skyline von Oslo – bautätig hoch ambitioniert.
→ Auf dem Oslofjord Richtung Südwesten verlassen wir mit dem Schiff dampfend die Stadt.

Am nächsten Morgen erreichen
wir unseren Heimathafen Kiel.

Eine besondere Reise geht hier zu Ende. Wir danken Hobby und dem Wachholtz Verlag für das Vertrauen, das sie uns für dieses Projekt entgegengebracht haben. Ein besonderen Dank auch an Judith Leysner, die uns mit »unbeschreiblichem« Einsatz bei den Texten geholfen hat.
Bevor wir diesen Reisebericht ganz schließen, möchte ich noch an alle Wohnmobilisten ohne erhobenen Zeigefinger appellieren, mit Demut gegenüber der Natur und mit Blick auf unsere verwundbare Erde, nicht jeden Winkel der Natur mit dem Fahrzeug zu erkunden. Vielleicht das Auto hier und dort mal stehen lassen und die Wege zu Fuß und mit dem Fahrrad erleben, und alle Plätze, an denen man war, sauberer verlassen, als man sie vorgefunden hat.

In diesem Sinne ....

OLIVER & SYBILLE FRANKE

Oliver Franke ist Fotograf. Seine Touren führten ihn in die ganze Welt – von Spanien bis an den Yukon. Seine Bücher im Wachholtz Verlag sind Erfolgstitel, u. a. »Schleswig- Holstein. Streifzug von Küste zu Küste«. Sybille Franke betreibt in Kiel die angesagte »Lous'e-Puschenmanufaktur«.

FSC www.fsc.org MIX Papier aus verantwortungsvollen Quellen FSC® C107574

1. Auflage 2019

ISBN 978-3-529-05042-8

Gesamtherstellung: Wachholtz Verlag
Redaktion: Judith Leysner
Gedruckt auf säurefreiem und chlorfrei gebleichtem Papier
Printed in Europe
Besuchen Sie uns im Internet unter:
www.wachholtz-verlag.de